Schattenarbeit für Anfänger

Wie Sie Ihre Schatten erkennen und mit gezielter Schattenarbeit Schritt für Schritt heilen, um kraftvoll in einen neuen Lebensabschnitt zu starten

Isabella Devi

INHALT

Das erwartet Sie in diesem Buch

Walt Whitman sagte einmal: „Schaue immer in Richtung der Sonne – und alle Schatten werden hinter dir fallen." Wenn es so einfach wäre und wir alle wissen würden, wie es funktionieren soll, „alles hinter sich zu lassen", dann müsste ich dieses Buch nicht schreiben und Sie hätten wahrscheinlich nicht zu diesem Buch gegriffen.

Wollen wir nicht alle wissen, warum wir so sind, wie wir sind? Warum wir handeln, wie wir handeln? Unser Schattenkind wird es in diversen

Bestsellern genannt – oder Schattenarbeit. Es geht um Charakterzüge und Eigenschaften, die wir nicht an uns mögen bzw. die wir nicht zeigen wollen. Doch wie kann ich nun an meinem Schatten arbeiten? Ich hoffe, Ihnen mit diesem Buch neue Denkanstöße geben zu können und Licht ins Dunkle zu bringen.

Vielleicht fühlen Sie sich verstanden und erkennen sich in einigen Beispielen wieder. Gehören Sie zu den Menschen, die sich manchmal einsam fühlen? Hatten Sie schon mal Angst in der Schule, im Kindergarten oder später auf der Arbeit? Fällt es Ihnen schwer, Ihre beruflichen Ziele zu definieren oder zu erreichen? Sind Sie oft emotional oder aggressiv? Vielleicht haben Sie einen Partner und sind „eigentlich" in einer harmonischen Beziehung? Doch auftretende Konflikte arten oft auf unerklärliche Weise aus und lassen Sie dann verzweifelt zurück? Spüren Sie eine innere Unruhe? Haben Sie sich schon mal gefragt, woher diese kommt? Wie versuchen Sie, diese zu lösen? Durch Sport, Bewegung oder haben Sie schon mal Meditation versucht? Wissen Sie von einem Trauma, welches Sie erlitten haben? Haben Sie dieses bereits professionell aufarbeiten können?

Unsere Gefühlswelt verändert sich im Laufe unseres Lebens ständig. Wir befinden uns immer wieder in unterschiedlichen Lebenssituationen. Egal, wie alt Sie sind, Sie können mit Schattenarbeit, die so umfangreich ist, in Heilung gehen und endlich wieder Zufriedenheit spüren. Wollen Sie das? Gut. Dann lassen Sie uns loslegen.

Ich habe das Thema zusammengefasst und zeige Ihnen, wie Sie Ihren ungeliebten Schatten hinter sich lassen können bzw. an diesem arbeiten können und ihm noch mit einem Lächeln zu verstehen geben: „Ich gehe Sonnenbaden, mein liebster Schatten. Bis später." Schattenarbeit ist ein lebenslanger Prozess. Dieser Prozess erfordert viel Mut, denn wer nach der Wahrheit und der Ganzheit streben möchte, muss zunächst die Dunkelheit durchqueren, um am Ende des Tunnels das Licht zu sehen. Persönlichkeitsarbeit ist ein langer Prozess, der sich nicht in fünf Minuten erklären lässt – jedoch in einem Buch wie diesem.

Kurz noch zu mir. Ich bin keine Psychologin und auch kein Coach. Ich habe meine eigenen Schatten, die ich zum Teil bereits aufgearbeitet habe. Ich zeige Ihnen in diesem Buch leicht verständlich auf, wie Schattenarbeit funktioniert, wie

Sie an Ihren Schatten arbeiten können und was es benötigt, um Glück und Zufriedenheit zu spüren.

Aus Gründen der besseren Lesbarkeit verzichte ich auf das Gendern und meine immer alle Geschlechter.

Wichtiger Hinweis:

Schattenarbeit ist Heilung- und Friedensarbeit. Bevor Sie anfangen, dieses Buch zu lesen, bitte ich Sie, Ihnen bewusst zu machen, dass dieses Buch kein Ersatz für eine Psychotherapie ist. Ich gehe davon aus, dass Sie in der Lage sind, dieses Buch auch vorzeitig zu beenden oder kurz zur Seite zu legen, wenn Sie merken, dass es Ihnen nicht guttut. Falls Sie wissen, dass Sie unter einem schweren Trauma leiden, dann bitte ich Sie, sich in professionelle psychiatrische Behandlung zu begeben. Sie können auch gerne mit Ihrem Arzt des Vertrauens sprechen.

Vorwort

Seien Sie in den nächsten Tagen wachsam. Achten Sie auf Ihre Träume. Wenn Sie Ihren Schatten sanft rufen, dann wird er sich zeigen. Vertrauen Sie auf sich selbst und Ihre Fähigkeiten.

Schatten in der Psychologie

Mittlerweile gibt es einige Forschungsergebnisse, Bücher und Artikel zum Thema „Schatten". Im ersten Moment klingen diese Begriffe doch sehr düster, mysteriös und auch ein bisschen nach Spirituellem. Die Bezeichnung Schatten hatte als einer der Ersten Carl Gustav Jung, ein Schweizer Psychiater, gewählt und verwendet. Schatten bezeichnete er als die versteckte Seite der menschlichen Psyche. Er unterscheidet zwischen den zentralen Archetypen und dem persönlichen Schatten. Das Selbst ist Ihr

Bewusstseinsraum. Das Erlebte wird danach zu Ihrem Bewusstsein. Das „Ich" sind die Anteile, die im Alltag zu Ihnen gehören, Stärken, Schwächen und Vorlieben. Diese Merkmale lassen sich abgrenzen. Im Alltag leben Sie meist im „Selbst". Das Selbst ist unbegrenzt.

Haben Sie schon mal eine Meditationserfahrung erlebt, bei der Sie eine Dimension erfahren haben, die Sie zuvor noch nie erfahren haben? Und nach der Meditation sind Sie wieder im Selbst zurückgekommen? Alles ist in Ihnen, auch alles, was Sie in den Schatten verbannt haben. »Der Schatten ist alles das, was Sie auch sind, aber auf keinen Fall sein wollen« (C. G. Jung) – das heißt konkret: Manche unserer Eigenschaften mögen wir, und manche Eigenschaften mögen wir nicht. Manche Eigenschaften passen zu unserer Selbstwahrnehmung und manche Eigenschaften passen da nicht so recht rein beziehungsweise wollen wir lieber nicht akzeptieren, da wir uns mit dem Gedanken nicht identifizieren können oder wollen.

Jung beschreibt den Spiegel der Wahrheit. Logisch. Wenn wir in den Spiegel schauen, sehen wir unser Spiegelbild. Eins zu eins, so, wie es eben ist. Der Spiegel verschönt nichts, kaschiert nichts und wir können keinen Social-Media-Filter über den Spiegel legen. Vielleicht in Zukunft, wer weiß das schon. Ich schweife ab. Jung sagt, dass der Spiegel hinter unserer eigentlichen Fassade liegt. Die Begegnung mit unserem Selbst gehört zu den unangenehmsten Dingen, denen wir geschickt ausweichen können, wenn wir uns nur auf das Negative im Umfeld konzentrieren. Wir müssen uns nicht mit uns selbst beschäftigen. Nur wer sich selbst ansehen kann und dem eigenen Anblick standhält, läuft nicht weg, fasst den Mut, um an sich zu arbeiten. Ziel ist es in der Schattenarbeit immer, die Seiten, die wir im ersten Moment einfach nicht recht passend finden, zu akzeptieren und zu lieben. Die einfache Formel von C. G. Jung lautet: Ich + Schatten = Selbst.

ARCHETYPISCHER SCHATTEN

Als Archetypen werden die im kollektiven Unbewussten verankerten Vorstellungsmuster bezeichnet. Jeder Mensch hat eine unbewusste Struktur. Einfach ausgedrückt trägt jeder Mensch die Veranlagung des Bösen in sich. Klingt dramatisch! Der archetypische Schatten bezeichnet also die

„dunkle" Seite des eigenen Selbst. Früher wurden die Eigenschaften Stolz, Habsucht, Neid, Zorn, Unkeuschheit, Unmäßigkeit, Trägheit oder Überdruss als die „7 Todsünden" bezeichnet. Manchem mögen sie auch als „Wurzelsünden" bekannt sein. Sie sind die Grundgefährdungen des Menschen und heißen Hauptsünden, da sie oft die „Wurzel", also die Ursache anderer Sünden sind.

Die Drachentötung steht für eine erfolgreiche Auseinandersetzung des Helden mit dem eigenen Schatten. Zusammenfassend können wir sagen, dass Carl Gustav Jung uns bereits vor vielen Jahren geraten hat, dass wir den archetypischen Schatten als psychologische Tatsache akzeptieren sollten. Außerdem wäre eine lebenslange Aufgabe, unseren Schatten immer und immer wieder bewusst zu machen. Er ist unsere Veranlagung für das Böse im Menschen und nach seinem Entdecker Carl Gustav Jung bekommen wir diesen nicht weg. Licht und Schatten können nicht ohne das andere und auch diese Tatsache müssen wir akzeptieren.

PERSÖNLICHER SCHATTEN

Zum Glück gibt es auch den persönlichen Schatten. Und zum Glück können wir an diesem arbeiten. Dieser persönliche Schatten fasst alle Teile unserer Persönlichkeit zusammen, die wir im Laufe unseres Lebens unterdrückt oder abgespaltet haben. Meist war dies in der Kindheit der Fall. Diese Teile befinden sich in unserem Unterbewusstsein. Die Ursache ist die Angst in uns. Wir trauen uns nicht, diesen Teil unserer Persönlichkeit preiszugeben oder mit anderen zu teilen. Der persönliche Schatten ist aber nicht immer etwas Negatives.

Dieser Schatten ist dafür verantwortlich, wie und warum wir uns in bestimmten Situationen so verhalten, wie wir uns verhalten. Carl Gustav Jung sagte: „Je weniger er uns bewusst ist, desto dunkler und dichter ist der Schatten, den wir werfen. Solch ein Schatten stellt ein unbewusstes Hindernis dar, das all unsere guten Absichten scheitern lässt." Was meint er damit? Unser persönlicher Schatten beherbergt nicht nur Erfahrungen, die wir als Kind gemacht haben, oder unterdrückte Gefühle, die wir nicht preisgeben. Nein, es geht auch um Talente, Qualitäten und Potenziale, die wir nicht entwickeln konnten. Manches lehnen wir aktiv ab, manches haben wir vergessen, aber schon in der nächsten Auseinandersetzung kommt unser Schatten ans Licht. Es ist dann aber nicht so, dass wir wissen: „Aha. Da ist ja unser Schatten."

Nein, leider zeigt er sich vielmehr in den Handlungen und Aktionen. Und diese nehmen dann erst einmal nur die anderen wahr. Unser Selbstbild wird verfälscht. Wir blenden unsere Schatten aus, die uns trotzdem auf Schritt und Tritt verfolgen. Besonders anfällig sind die Persönlichkeitsaspekte, die mit Angst, Wut, Schwäche, Zorn, Neid und Geiz zu tun haben, besonders die, die uns von unserer Gesellschaft als nicht normal eingetrichtert wurden. Der Arzt Rüdiger Dahlke sieht eine große Gefahr darin, wenn wir uns von diesen Schatten abkoppeln und diese nicht wahrnehmen wollen.

Wir können diese immer nur kurzzeitig unterdrücken. Sie sind Teil unseres Unterbewusstseins. In Situationen, in denen wir überfordert sind, kann es passieren, dass uns eine Sicherung durchbrennt. Oder wir zwingen uns mit enorm viel

Energie, den Zorn zurückzuhalten. Wie ein Vulkan stauen wir die Wut an und irgendwann steht der Ausbruch bevor.

Beispiel für die Entstehung eines persönlichen negativen Schattens

Einem 5-jährigen sensiblen Jungen wird vom großen Bruder das Spielzeug weggenommen. Daraufhin geht das Spielzeug kaputt. Der Fünfjährige weint und ist traurig. Leider war das sein Lieblingsspielzeug. Genau in diesem Moment wird der Schatten erzeugt, indem die Mutter die Situation mitbekommt und schreit: „Hör auf zu weinen wie ein kleines Mädchen, sei ein Mann." Die Mutter zeigt mit ihrem Verhalten, dass Weinen etwas Schlechtes sei, und da der Junge auf die Bezugsperson angewiesen ist, lernt dieser in der Situation, dass er nicht weinen darf und die Situation ändern muss.

Er versteht jedoch noch nicht, dass es nur für seine Mutter verändert werden muss, damit diese zufrieden ist. Es geht nicht darum, dass das Verhalten falsch ist. Denn in anderen Familien dürfen Kinder weinen, wenn sie traurig sind. Der Junge passt das Verhalten nun an und reagiert nun mit

Schreien, Beleidigungen oder sogar mit Schlagen. Der persönliche Schatten sind also die verdrängten Charaktereigenschaften einer Person.

Beispiel für einen positiven Schatten
Ein Teenager-Mädchen hat ein positives Selbstbild, weiß genau, was sie will, und ist ein fröhliches, selbstbewusstes Kind. Sie weiß schon früh, wie und wer sie ist. Durch das Verhalten ihres Umfelds bekommt diese irgendwann Angst, ihre Meinung zu äußern. Der Teenager wird leider von seinem Umfeld in eine andere Richtung gedrängt. Er bekommt zu spüren, dass er zu viel ist, zu laut. Die Familie möchte gerne ein süßes, gehorsames Kind. Die Zeit vergeht und das Mädchen wächst heran. Es fühlt sich unglücklich und hin- und hergerissen.

Es versteht sich selbst nicht und es hat plötzlich Wutanfälle. Der persönliche Schatten übernimmt die Handlungsmacht und schreit sich in Form eines Wutanfalls an die Oberfläche. Bei diesem Beispiel wurden positive Eigenschaften ins Unterbewusstsein verdrängt. Auch hier besteht der Grund für den persönlichen Schatten aus den

Gedanken des Mädchens. Bin ich zu viel? Die Meinung der anderen Leute ist mir wichtig. Bin ich zu viel? Bin ich zu laut? „Besser ist es, wenn ich ruhig bin" – das sind die neuen inneren Überzeugungen und sie schränken das Mädchen ein.

SCHATTENERKENNUNG

Das Erkennen des eigenen Schattens ist der erste Schritt in der Schattenarbeit. Das Prinzip ist einfach. Gesucht wird nach sogenannten Triggerpunkten. Carl Gustav Jung hat den Schatten so definiert: «Er besteht aus all den Dingen, die wir auch sind, aber niemals sein möchten.» Denken Sie an die letzte Situation zurück, in der Sie etwas gestört oder sogar genervt hat. Wer war der Störenfried in Ihren Augen? Was hat die Person gesagt? Hat die Person ein in Ihren Augen schreckliches Verhalten an den Tag gelegt? Hat diese Person etwas in Ihren Augen Unmögliches angehabt?

Das alles hat mit uns selbst zu tun. Es sind Charaktereigenschaften, die wir unbewusst ablehnen und die wir in Folge auf unsere Mitmenschen projizieren. Empfinden Sie manche Menschen als egoistisch? Hier sollten Sie überprüfen, ob Sie besser für sich selbst sorgen könnten. Forsche Menschen zeigen uns die Bereiche auf, in denen wir auch mal etwas lauter auftreten könnten. Geben Sie andren Menschen gerne mal die Schuld? Haben Sie sich schon mal gefragt, wann Sie zuletzt schuld an einer Situation und deren Ausgang waren? Haben Sie nicht auch schon mal gesagt: „Der Alkohol ist schuld, dass ich nun Kopfschmerzen habe"?

Meine Geschwister oder mein Partner sind an meiner schlechten Laune schuld? Mein Chef ist schuld, dass ich so gestresst bin? Das gehört in die Kategorie, jemandem oder etwas anderem die Schuld zu geben. Vielleicht müssen Sie beim nächsten Begriff schmunzeln. Der innere Schweinehund. Typisch. Auf den inneren Schweinehund hat so ziemlich jeder schon mal etwas geschoben, vor allem, wenn wir unser inneres Versagen, das uns sehr wohl bewusst ist, nicht eingestehen möchten. Mit der Schuldzuweisung gegen unseren inneren Schweinehund grenzen wir uns von unserer eigenen Persönlichkeit ab und schieben es eben auf diesen. Projektion nennt sich das. Wir geben die Verantwortung ab. Wir sind nicht schuld an unserer Situation.

Nächste Frage: Wann haben Sie sich zuletzt als Opfer gefühlt? Überlegen Sie. Schreiben Sie sich das vielleicht einmal auf. Wir erkennen einen unserer Schatten oft, wenn wir uns als „Opfer" fühlen. Stellen Sie sich die Fragen, wie es zu dieser Situation gekommen sein könnte und ob wirklich der Gegenüber „schuld" ist oder es vielleicht sein könnte, dass Sie sich selbst auch in die Situation gebracht haben? Was würde nun helfen, damit Sie die „Opferhaltung" aufgeben können? Könnten Sie auch agieren, anstatt nur zu reagieren? Würde das etwas ändern?

Trauma und Co.

Hier noch einmal der Hinweis: Sollten Sie von einem Trauma wissen, achten Sie besonders gut auf sich. Hören Sie auf Ihr Inneres, wenn Sie weiterlesen. Um das große Ganze zu verstehen, müssen wir diesen wichtigen Bereich auch ansprechen. Vielleicht fühlen Sie sich durch manche Situationen getriggert. Sie können dies in Ihr Schattentagebuch schreiben. Auf das Tagebuch kommen wir später noch einmal zu sprechen. Sollten Sie in irgendeiner Form merken, dass es Ihnen nicht gut geht, hören Sie auf, zu lesen, und sprechen Sie mit jemandem, der Ihr Thema professionell bewerten kann.

TRAUMA DURCH IMPLIZIERTE ERINNERUNGEN?

Was ist das? Das sind die Erinnerungen, an die wir uns nicht bewusst erinnern können. Haben Kinder oder Babys im Säuglingsalter Gewalt oder ähnlich Negatives erfahren, sind diese Erinnerungen im impliziten Gedächtnis abgespeichert. Die Erinnerungen werden dann im Körper gespeichert. Das wird „Embodiment" genannt (Leuzinger-Bohleber, 2015). Explizite Erinnerungen sind bewusste Erinnerungen. Das explizite Gedächtnis entwickelt sich erst mit einem Alter von ca. 3 Jahren. Denn erst dann ist der Gehirnanteil Hippocampus entwickelt. Deshalb sind erst ab diesem Alter explizite Erinnerungen möglich. Implizite Erinnerungen sind ab Geburt bzw. ab Zeugung in unserem impliziten Gedächtnis gespeichert und beeinflussen so unser Verhalten.

Traumata entstehen, wenn unser ganzes System mit unseren Erlebnissen überfordert ist. Erinnerungen sind im impliziten Gedächtnis abgespeichert und haben keine Vergangenheit und keine Zukunft. Wenn diese durch einen Auslöser getriggert werden, ist es so, als ob wir diese gegenwärtig erleben. Unsere Erinnerungen sind genauso komplex wie unser Gedächtnis. Ob Sie oder ich jetzt ein Trauma haben, können wir nicht in 2 Minuten analysieren.

Ein Trauma muss nicht zwangsläufig durch Extremsituationen entstanden sein. Wenn Sie ein Trauma haben, dann heißt das nicht, dass Sie von Ihren Eltern geschlagen wurden oder andere Gewalt erfahren haben. Wenn die implizierten Erinnerungen bis zur Zeugung zurückreichen, kann es sein, dass in der Schwangerschaft oder bei der Geburt etwas passiert ist, von dem Sie nichts wissen. Sie haben die Möglichkeit, bei Ihren Eltern nachzufragen, wie die Geburt verlaufen ist oder wie die Schwangerschaft war. Vielleicht erhalten Sie neue Erkenntnisse? Falls Sie nicht mehr die Möglichkeit haben, können Sie mit der Schattenarbeit an den Erinnerungen arbeiten.

HABEN SIE SCHULDGEFÜHLE?

Manchmal? Ist Ihnen klar, woher diese kommen? Oft ist dies eine Begleiterscheinung? Haben Sie schon mal vom „Über-Ich" gehört? Vielleicht ist das bei Ihnen ausgebildet? Das ist der Teil unserer

Psyche, der für das Gewissen und unsere Moral zuständig ist. Wenn dieses „Über-Ich" zu stark ausgeprägt ist, dann kann es sein, dass Sie sich und anderen kaum etwas erlauben. Haben Sie manchmal folgende Gedanken?

Wäre ich doch so oder so gewesen, dann wäre die Situation nicht so eingetroffen.

Hätte ich doch dieses oder jenes gesagt, hätte ich nicht geschwiegen, dann hätte ich alles vermeiden können.

Bei einem Unfall würde die betroffene Person sagen: Hätte ich das doch nicht gewollt oder noch gebraucht, dann wäre ich nicht dort hingegangen oder hingefahren.

Eine Theorie ist auch, dass es psychologisch gesehen „einfacher" ist, uns selbst eine Mitschuld an einer Situation zu geben, anstatt nur dem Gefühl der Ohnmacht bzw. Hilflosigkeit ausgeliefert zu sein.

KÖRPERLICHE FOLGEN – SPIELEN IHRE NERVEN VERRÜCKT?

Unser Nervensystem wird von jedem Erlebten beeinflusst. Ein Trauma wird vor allem vom vegetativen Nervensystem beeinflusst. Dieses können wir leider nicht beeinflussen. Oft wird es auch als das „autonome Nervensystem" betitelt, denn es macht, was es will. Das sympathische Nervensystem ist für die Aktivität und Bewegung zuständig. Das parasympathische Nervensystem ist für unsere Verdauung zuständig und sorgt für die innere Ruhe. Unser vegetatives Nervensystem bestimmt den Herzschlag, Blutdruck und bestimmt über den Magen-Darm-Trakt. Ebenso bestimmt dieser unseren Schlaf. Haben Sie eine schwierige Beziehung zu Ihrem Körper? Fühlen Sie sich von Ihrem Körper im Stich gelassen?

Achtung. Nun gebe ich Ihnen den ersten Rat. Seien Sie gut zu sich selbst und Ihrem Körper. Gehen Sie in die Sauna, schwimmen Sie, legen Sie ein Schlaf-Wochenende ein. Ernähren Sie sich gut. Stehen Sie in Kontakt mit Ihrem Körper, denn das heilt in jeglicher Hinsicht. Es ist für die Schattenarbeit sehr wichtig, dass Sie Ihren Körper lieben. Wenn Sie jetzt denken, „Das schaffe ich niemals. Ich kann meinen Körper nicht annehmen, wie er ist. Das geht nicht", dann sollten Sie beim Lesen gemerkt haben, dass das Glaubenssätze sind, und zwar keine guten. Mit der Schattenarbeit können

Sie diesen ebenso auf den Grund gehen. Sie werden den Ursprung herausfinden. Denn mal ehrlich: Können Sie Ihren Körper nur nicht akzeptieren, da er nicht der aktuellen Norm entspricht?

Denken Sie nicht vielmehr, „Ich bin dankbar für meinen gesunden Körper, der mich jeden Tag durchs Leben trägt, aber was könnten andere Menschen von meinem Körper halten"? Ihnen wird mit der Schattenarbeit klar werden, dass Sie die Macht über Ihre Gedanken haben. Sonst niemand! Es ist in Ihnen, und zwar nur in Ihnen. Diesen Satz werden Sie im Laufe des Buches immer und immer wieder von mir hören. Denn Sie können nur die Dinge wahrnehmen, die in Ihnen sind. Es wird immer nur um Sie gehen.

ABWEHRMECHANISMUS – MECHANISMEN DER PSYCHE

Schutzmechanismen unseres „Ichs" sind Abwehrmechanismen, die uns schützen sollen. Das geschieht, indem die eigentliche Realität verzerrt wird. Das machen wir nicht mit Absicht und auch nicht so, dass wir das merken würden. Es passiert unbewusst. Es passiert vor allem, wenn unsere

Selbstwahrnehmung nicht mit dem Selbstbild übereinstimmt. Es gibt die Seite, auf der wir gerade selbst empfinden, und es besteht die Seite des idealen und realen Selbst, welches gerade als bedrohlich eingestuft wird.

Wir fühlen uns beispielsweise wertlos, da wir keine guten Schüler in der Vergangenheit waren oder nicht gut Gedichte vortragen konnten. Oder wir konnten in Prüfungen unsere eigentliche Leistung nicht abrufen oder haben unseren Text auf der Bühne vergessen. Und deswegen wurde uns beigebracht, dass wir uns wertlos fühlen sollten, denn wir haben ja offensichtlich versagt. Kommen wir Menschen nun in die Situation, vor Menschen sprechen zu müssen oder Prüfungen zu schreiben, dann wirken die Situation und die Sache an sich bedrohlich und gefährlich. Stuft unser Körper eine Situation als bedrohlich ein, entsteht ein Angstgefühl. Alles leuchtet auf und sagt uns: „Achtung, Achtung, vermeide diese Situation! Es könnte gefährlich werden.

Nimm deine Beine in die Hand und lauf!" Was jetzt? Was können wir tun? Wir können natürlich weglaufen. Jeder ist schon mal aktiv aus einer unangenehmen Situation geflüchtet. Im realen Leben bringt uns das aber nichts und aus manchen Situationen können wir nicht einfach flüchten. Wir laufen also nicht physisch weg, sondern psychisch. Unsere Psyche setzt jetzt die oben genannten Abwehrmechanismen ein. Mit unseren Abwehrmechanismen haben sich bereits viele Psychologen auseinandergesetzt.

Damit wir alle unser seelisches Gleichgewicht behalten, sind Abwehrmechanismen kein Ausdruck einer psychischen Krankheit. Wir haben nur das Gefühl, dass wir unser Leben durch Abwehrmechanismen besser meistern können. Ihnen werden gleich ein paar der Abwehrmechanismen bekannt vorkommen. Carl Rogers zählte zwei Abwehrmechanismen: die Verneinung und die verzerrte Wahrnehmung. Dennoch ist seine Theorie der Theorie von Freud sehr ähnlich. Er betrachtet alles mit einer kontinuierlichen Sicht und bezieht Erinnerungen und Impulse ein. Freud ging in seiner Theorie von neun Abwehrmechanismen aus. Diese Methodik wurde immer wieder durch Psychologen und Vertreter der Psychologie ergänzt und angepasst.

Menschen unterscheiden sich einerseits hinsichtlich der von ihnen bevorzugten

Abwehrmechanismen und andererseits auch in Bezug auf die Häufigkeit des Auftretens, wobei Abwehrmechanismen nicht unbedingt Ausdruck einer psychischen Krankheit darstellen, vielmehr ist für den Menschen die Abwehr zum Erhalt des seelischen Gleichgewichts und der psychischen Funktionsfähigkeit unbedingt erforderlich. Psychisch kranke und gesunde Menschen unterscheiden sich nicht dadurch, dass die einen Abwehrmechanismen einsetzen und die anderen nicht, vielmehr bedienen sich psychisch gesunde Menschen ihrer Abwehrmechanismen, um ihr Leben vermeintlich besser zu meistern.

Nun wird es spannend. In welchen Abwehrmechanismen erkennen Sie sich wieder? Psychologen wie Freud meinten, dass psychisch kranke Menschen durch ihre Abwehrmechanismen in immer größere Schwierigkeiten geraten würden. Der entscheidende Faktor ist das Ausmaß der eigenen Kontrolle, die wir Menschen über unsere Abwehrmechanismen besitzen.

Sind Abwehrmechanismen jetzt was Gutes oder was Schlechtes? Wichtig ist, dass sie nicht unsere Gegner sind. Unsere Abwehrmechanismen wollen uns schützen. Sie lassen uns Ängste besser bewältigen. Unserem Handlungs-Ich stehen verschiedene Mechanismen zur Verfügung, diese sind jedoch keine optimale Problemlösung. Der Konflikt besteht weiterhin. Sie begünstigen leider auch das Wiederaufleben des vorhandenen Konfliktes. Sie behindern Sie dann bedauerlicherweise im Aufarbeiten Ihres Schattens. Deswegen ist es sehr wichtig, dass Sie Ihre Abwehrmechanismen kennen und zu durchschauen lernen. Wenn Sie die bekanntesten Mechanismen gleich lesen werden, dann stellen Sie sich folgende Fragen: Was wehre ich gerade ab? Trifft das auf mich zu?

Verdrängung

Der Klassiker, oder? Verdrängung ist wohl einer der bekanntesten Abwehrmechanismen. Haben Sie schon mal Wünsche verdrängt? Verdrängte Wünsche zeigen sich durch Träume oder Fehlleistungen. Es ist das Ziel der psychoanalytischen Therapie, verdrängte Inhalte aus unserem Unterbewusstsein ins Bewusstsein zu bringen. Einen vorhandenen Trieb oder Wunsch schieben wir in das Unterbewusstsein.

Es kommt zur Verdrängung. Um zu verhindern, dass ein Lustgewinn durch Befriedigung des Triebs entsteht, werden unsere Triebvorstellungen verdrängt. Oft können wir feststellen, ob wir etwas verdrängt haben, indem wir uns immer wieder hinterfragen. Wenn wir Menschen gefragt werden, wie es uns geht, was es Neues gibt oder wie es in der Liebe läuft, antworten wir schnell mit „gut".

Doch ist es das wirklich? Haben wir nicht einfach aus Gewohnheit geantwortet? Sind wir denn in einer glücklichen Beziehung? Reden wir viel in der Beziehung? Haben wir denn genügend Nähe zum Partner? Kuscheln wir genügend mit dem Partner? Gibt es zärtliche Berührungen und Worte? Wir wissen nicht, wie wir unsere Wünsche, die widersprüchlich erscheinen, mit unserem Leben vereinen können. Das ist normal. Sollten die oben genannten Beispiele auf Sie zutreffen, denken Sie daran: Seien Sie nett zu sich. Verurteilen Sie sich jetzt nicht und stecken Sie Ihre Gefühle auch nicht wieder ganz tief ins Unterbewusstsein. Schreiben Sie all Ihre Gedanken auf.

Verleugnung

Bei der Verleugnung passt das Verhalten oft nicht zur gelebten Realität. Menschen leben in Saus und Braus, haben jedoch einen negativen Kontostand. Wir nehmen einen großen Teil unseres Lebens nicht so wahr, wie er ist. Ein vermeintlich glücklicher Single erwägt den Anschein, ein glückliches und erfülltes Leben zu führen, ist jedoch sehr einsam und sehnt sich nach einem Partner. Wir verleugnen Süchte, unser Scheitern, unangenehme Gefühle. Was verleugnen Sie?

Dramatisierung

Schmunzeln Sie? Wer ist bei Ihnen die Dramaqueen? Der Dramaking? Aus einer Mücke einen Elefanten machen, Nichtigkeiten werden so hochgepuscht, dass diese dann plötzlich bedeutsame Situationen sind? Anstatt der Empörung kundzutun, wäre es besser, den Schmerz zu spüren und auszuhalten. Wann haben Sie das letzte Mal viel Drama um nichts gemacht? Es lohnt sich, ehrlich zu sein. Locken Sie Ihren Schatten an.

Vermeidung

Wie der Name schon sagt, vermeiden wir Situationen. Haben Sie Flugangst, dann fliegen Sie wahrscheinlich nicht oder selten. Meiden Sie Autobahnen mit dem Auto? Meiden Sie Menschenmengen? Meiden Sie bestimmte Gesprächsthemen bei bestimmten Personen oder generell? Sie vermeiden schlichtweg Reize, die unseren Schatten wecken könnten. Welche Situation vermeiden Sie in Ihrem Alltag? Schreiben Sie diese auf. Schreiben Sie die Dinge, Menschen oder Situationen auf, denen Sie gerne aus dem Weg gehen oder gegangen sind.

Projektion

Das Wort habe ich oben schon einmal benutzt. Ist es Ihnen aufgefallen? Jetzt kommt unser Ego ins Spiel. Das Grundprinzip: In der anderen Person sehen wir das, was wir nicht an uns mögen. Anstatt uns selbst mit unserem Schatten auseinanderzusetzen, projizieren wir diesen auf die andere Person, wobei wir selbstgefällig die andere Person kritisieren oder schlecht beziehungsweise unfair behandeln. Wir übertragen unsere Gedanken und Meinungen auf andere Personen. Frage an Sie:

Warum denken Sie, dass Sie diese Situationen überhaupt wahrnehmen können? Keine Idee? Oder sind Ihnen meine Worte von Seite 1 in den Sinn gekommen? Ja. Es ist in Ihnen. Weil es in Ihnen ist, nehmen Sie wahr. Was Sie nicht kennen oder nicht in Ihnen ist, nehmen Sie nicht wahr. Wann haben Sie das letzte Mal etwas auf jemand anderen projiziert?

Reaktionsbildung
Hier geht es um die entgegengesetzte Vorstellung. Fraktionsbildungen können größere Persönlichkeitsveränderungen hervorrufen. Sie werden oft als Zwangsneurosen bei Hysterie beobachtet. Haben Sie schon einmal Feedback erhalten, dass Sie sich nicht angemessen verhalten haben? Haben Sie übertrieben oder untertrieben?

Regression
Sie würden bei Regression in alte Verhaltensweisen zurückfallen. Wenn Sie sich einsam und unsicher fühlen, gehen Sie zum Kühlschrank und essen diesen leer. Sie sind wieder ein kleines Mädchen, ein kleiner Junge, der sich wieder mit

Süßigkeiten tröstet. Oder haben Sie schon einmal einen erwachsenen Menschen erlebt, der wütet wie ein kleiner Junge/kleines Mädchen? Wann haben Sie regrediert?

Progression
Das ist das Gegenteil zu Regression. Dazu zählen oft alleinerziehende Eltern, die die Heldenuniform anhaben und zu echten Leistungsüberfliegern mutieren. Sie sagen sich, dass Sie sich das nicht leisten können, keine Schwäche zeigen können. Das bedeutet, dass der Schwächeanteil unterdrückt wird. Haben Sie sich schon einmal tapferer und stärker gegeben, als Sie waren?

Sublimierung
Hier geht es oft um sexuelle Bedürfnisse, die wir sublimiert haben. Diese Personen haben keinen oder nur wenig Bezug zur Sexualität, trotzdem ist die treibende Kraft die Sexualität.

Herabsetzung
Auch dieser Abwehrmechanismus ist fast selbsterklärend. Haben Sie schon einmal von Hate im Internet gehört oder diesen sogar erlebt? Haben

Sie einen Influencer online in der Anonymität des Internets beleidigt oder kritisiert? Setzen Sie schon einmal andere Leute herab und fühlen Missgunst? Ich sage nur ein Wort und Sie wissen nun Bescheid: Schatten! Das Gegenteil davon ist die Heraufsetzung: Alles, was diese Person macht, finden Sie super.

Das waren jetzt viele Informationen auf einmal. Gehen Sie es locker an. Versuchen Sie, nicht zu verkrampfen. Vielleicht denken Sie an manche Situationen zurück und können es mit Humor sehen?

Hören Sie noch einmal in sich und schreiben Sie all Ihre Gedanken auf. Sie holen durch das bewusste Schreiben die Schatten aus den Untiefen und machen sich alles noch einmal bewusst.

Schattentrigger

Vereinfacht erklärt: Wenn Sie entspannt sind, relaxen oder keine kreisenden Gedanken um Themen haben, dann schläft Ihr Schatten still und friedlich auf Ihrer inneren Couch. Fühlen Sie sich angespannt, sind Sie emotional oder einfach nicht rational? Bei Frauen wird es PMS genannt. Doch kann es sein, dass wir genau in dieser Phase besonders feinfühlig sind? Folgende Situation: Der Tag beginnt schon damit, dass Sie angeblich mit dem falschen Fuß aufgestanden sind.

Dann fällt Ihnen etwas runter und geht zu Bruch. Damit nicht genug. Sie schneiden sich an den Bruchstücken und kommen dann auch noch zu spät zur Arbeit oder zu Ihrem Termin. Die angebliche Pechsträhne zieht sich durch den ganzen Tag. Warum ist das so? Ihr Schatten klopft an. Sie schlittern von der einen Situation in die nächste, ohne innezuhalten und sich zu fragen, warum das jetzt passiert ist. Fangen Sie von vorne an und gehen Sie Schritt für Schritt Ihren angeblich so schlechten Tag durch. Sie sind falsch aufgestanden? Warum? Sind Sie zu spät ins Bett gegangen? Hatten Sie kreisende Gedanken? Worum handelten diese Gedanken? Haben Sie viel geträumt?

Schatten, Schatten, Schatten. Aufschreiben, wenn es geht. Nicht in das Unterbewusstsein verschieben. Warum ist die oben genannte Sache zu Bruch gegangen? Weil Sie mürrisch waren? Weil Sie „schnell, schnell" machen wollten? Weil Sie vielleicht nicht mehr darüber nachdenken wollten, warum Sie gerade so gerädert aus dem Bett gefallen sind? Warum haben Sie sich in der nächsten Situation geschnitten? Weil Sie Ihre Gefühle unterdrückt haben? Weil Sie sich vielleicht insgeheim gedacht haben, dass Sie das jetzt verdient haben? „Ich bin ja schuld, dass das Teil nun kaputt ist. Und da ich schuld bin, hab ich mich geschnitten." Warum sind Sie zu spät gekommen? Weil Sie nicht bei der Sache waren? Wo waren Sie denn mit Ihren Gedanken? Und wie haben Sie sich abgelenkt und so die Zeit vergessen? Warum hat denn die Dusche so viel länger gedauert? Nicht nur, dass das eine große Wasserverschwendung ist. Wollten Sie Ihre Gefühle den Abfluss herunterspülen? Klingt doch logisch, oder? Warum machen wir Dinge, wie wir Sie machen? Oder fällt Ihnen ein Trigger auf? Erst wenn wir die Schatten persönlich an uns heranlassen, können wir sie hinter uns lassen. Bleiben Sie aufmerksam. Achten Sie auf das Feedback in Ihrer Umgebung. Aber langsam. Wenn Sie achtsam sind, spüren Sie die körperlichen Reaktionen. Schreiben Sie sich alles auf.

Schattentagebuch am Beispiel von Veit Lindau

Ich habe nun schon mehrmals davon gesprochen, dass Sie sich Notizen machen sollen. Das ist so wichtig. Auch der Autor Veit Lindau empfiehlt ein Schattentagebuch. Er empfiehlt, eine Doppelseite zu verwenden und 5 Spalten für Ihre Beobachtungen anzulegen. Am Ende Ihres Tages beantworten Sie folgende Fragen:

Ich habe heute stark reagiert auf:

War meine Reaktion positiv oder negativ?

Welche Gefühle wurden in mir ausgelöst?

Welche Gedanken wurden in mir ausgelöst?

Meine Fragen und Assoziationen dazu:

Das ist viel Arbeit, aber vielleicht können Sie danach besser schlafen. Vielleicht legen Sie sich ins Bett und haben keine kreisenden Gedanken, da Sie diese bereits aufgeschrieben haben. Sobald Sie Ihr Tagebuch geschlossen haben, sind die Gedanken und Situationen abgeschlossen.

Haben Sie schon einmal überlegt, einen Brief zu schreiben? Aufschreiben hilft, Situationen klar darzustellen, Gedanken zu sortieren und mit Situationen abzuschließen. In Ihrem Tagebuch ist ja noch Platz. Hier habe ich meine Gedanken einmal zusammengefasst.

ISABELLA DEVI

LIEBESBRIEF AN MEINE SCHAT-TEN – EMPFEHLUNG VON AUTOR VEIT LINDAU

Lieber Schatten,

liebe Seelenanteile, die ich nicht sehe, aber wahrnehmen kann. Ich möchte ganz sein und Frieden haben. Frieden mit mir, meinem Umfeld, mit meinem Schatten und meiner Seele. Ich möchte meine Schatten nach Hause holen. Sanft und gefühlvoll möchte ich sie aufarbeiten. Ich möchte meine Schatten wertschätzen, willkommen heißen, integrieren und wahrnehmen. Ich möchte meinem Schatten zeigen, dass ich gesund agieren kann, friedvoll bin und liebevoll zu mir selbst bin. Liebes Unterbewusstsein, konfrontiere mein Schatten auf eine angemessene Art und Weise. Ich bin bereit, mir zu vergeben. Ich bin bereit, meine Augen zu öffnen. Ich bin bereit, mein Herz zu öffnen. Auch meine Seele ist bereit. Ich bin bereit, auf allen Ebenen meines Lebens für mich zu sorgen, gut zu mir zu sein und mich mit voller Selbstliebe zu akzeptieren. Dazu gehören auch die Seiten, die ich bisher abgelehnt habe. Ich möchte heilen. Ich möchte glücklich sein.

In Liebe für mich und das Leben. Name

PRINZIPIEN
DER SCHATTENARBEIT

• Anerkennung

Üben Sie sich in Anerkennung. Wann sind Sie nicht entspannt? Welche Situationen erscheinen immer wieder? Wenn Sie bereit sind, etwas bewusst anzunehmen, wird Ihnen so vieles so viel einfacher erscheinen. Wenn Sie anerkennen, dass die Situation, in der Sie sich befinden, so ist, wie sie ist, müssen Sie sich nicht mehr aufregen und ärgern. Sie spüren automatisch Entspannung in sich aufkommen. Sie können sich zurücklehnen und durchatmen.

Neid wird für Sie kein Problem sein, wenn Sie die Situation anerkennen, wie sie ist. Ja, und? Dann sind Sie eben neidisch! Ist das schlimm? Nein. Es ist ein Gefühl, das Sie spüren und das gehört werden will. Warum sind Sie denn neidisch? Können Sie an der Situation etwas ändern? Ein fast tägliches auftretendes Gefühl ist Unwissenheit. Wie? Sie wissen nicht alles? Sind Sie nicht so schlau wie Einstein? Heben Sie gerade Ihre Augenbrauen? Oder gehören Sie zu den Personen, die es schaffen, nur eine Augenbraue anzuheben?

Wie auch immer. Erkennen Sie Ihre Unwissenheit doch einfach an. Wo liegt das Problem? Sie können nicht alles wissen. Es heißt ja nicht, dass Sie gar nichts wissen, nur eben die Sache in der aktuellen Situation nicht. Sagen Sie es doch einfach: „Das weiß ich gerade nicht." Probieren Sie es aus. Es ist leicht und tut nicht weh. Fragen Sie sich, ob Sie Angst haben vor der Reaktion des Gegenübers? Wenn Sie Situationen anerkennen, benötigen Sie keine Abwehrmechanismen. Das ist so viel entspannter! Klingt logisch, oder?

• Demut

Was bedeutet Demut noch gleich? Bescheidenheit. Ein demütiger Mensch nimmt sich selbst nicht so wichtig. Stellt sich selbst auf kein Podest. Ein demütiger Mensch nimmt die Dinge an, wie sie kommen. Situationen können wir erst richtig beurteilen, wenn wir alle Informationen vorliegen haben. Das haben wir in der Regel aber nicht. Wir wissen nicht über alles Bescheid. Und das ist in Ordnung. Wenn Sie merken, dass Sie auf eine bestimmte Situation reagieren, dann machen Sie sich bewusst, ob Sie alle Informationen überhaupt vorliegen haben. Wahrscheinlich nicht. Es ist nie der Fall, wenn eine unvorhersehbare Situation eingetroffen ist, dass Sie alle Informationen haben.

• Alles ist in Ihnen

Was heißt das? Alles, was Sie als schlecht empfinden, ist in Ihnen. Nur Sie finden es in der Situation, in der Sie gerade sind, nicht gut, schlecht oder haben ähnlich negative Gefühle. Es ist Ihr Schatten! Wenn Sie diesen finden, diesen dann annehmen, dann werden Sie sich entspannt zurücklehnen können. Es ist ein Kreislauf.

• Wahrnehmung

Wenn Sie wütend sind, dann sind Sie wütend. Dann ist es in diesem Moment so. Doch fangen Sie an, das Gefühl wahrzunehmen. Wenn Sie unsicher sind, dann sind Sie unsicher. Sie können auf dieser Welt nichts wahrnehmen, was Sie selbst nicht sind. Sie nehmen nur das wahr, was Sie sind, was Sie kennen und fühlen. Lernen Sie, wahrzunehmen. Lernen Sie, bewusst wahrzunehmen, was Sie triggert, was die Auslöser sind oder ob Sie einen Abwehrmechanismus aktivieren. Sie dürfen wütend sein. Sie müssen nichts unterdrücken.

Akzeptieren Sie doch einfach mal: „Ok. Ich bin wütend. Warum? Was ist der Auslöser?"

• Dankbar sein

Bedanken Sie sich für jede Kommunikation, die Sie mit Ihrem Schatten bekommen. Wenn Sie sich und Ihrem Schatten dankbar begegnen, erleichtert dies die Kommunikation erheblich.

• Frieden

Was für ein mächtiges Wort. Sie müssen Frieden mit Ihrer Seele schließen. Erst wenn Sie selbst Frieden in sich finden, tragen Sie diesen nach außen. Unsere Schatten werden auch nach der Schattenarbeit ein ständiger Begleiter sein. Wir können nicht alle Schatten auflösen.

• Selbstliebe

Respektieren Sie Ihre Grenzen. Seien Sie liebevoll zu sich. Überfordern Sie sich nicht.

Das nonduale Paradigma

W ann auch immer Ihnen ein Buch, eine Zeitung, ein Artikel oder Hörbuch in die Hände fällt, wenn über das Bewusstsein und eine Bewusstseinsveränderung gesprochen wird, dann werden Sie früher oder später auf die Vorstellungen der nondualistischen Philosophie stoßen. Haben Sie schon einmal nonduale Erfahrungen, z. B. durch Meditation, machen dürfen? Es heißt, dass unser Bewusstsein größer ist als der duale Raum. Der Begriff „Nondualität" ist bisher kaum bekannt. In der integralen

Szene wird er jedoch häufig verwendet, wenn es um spirituelle Erfahrung geht. Der Ursprung liegt im Hinduismus.

Es geht um keine außergewöhnliche, sondern um alltägliche Erfahrungen, denen wir allerdings normalerweise keinerlei Bedeutung zugestehen. Zusammengefasst kann man sagen, dass wir diese Erfahrungen ständig machen, auch wenn diese uns nicht bewusst sind. Bei dieser Erfahrung nehmen wir wahr, ohne zu bewerten, was wir sehen: Wir sind eins mit dem, was wir wahrnehmen. Wir interpretieren ständig, bewusst oder unbewusst, was wir sehen, hören, riechen und schmecken. Die Nondualität ist genau das Gegenteil. Wenn Sie sich dafür interessieren, können Sie sich bei Rupert Spira informieren. Er ist auf weltweiten Seminaren zu Gast, in denen er die nicht-dualistische Weltsicht vermittelt. Spannend und vor allem hilfreich, wenn es um die Schattenarbeit geht.

Verweigern Sie dem Bösen in Ihnen Ihr Mitgefühl?

Mitgefühl für meine böse Seite? Wieso das? Ganz einfach: Wie schon erklärt, hat jeder von uns eine böse Seite in uns. Was löst das Böse denn in Ihnen aus? Halten Sie kurz inne und fragen Sie sich das. Vergessen Sie nicht, sich die Antwort in Ihr Tagebuch zu schreiben. Vielleicht leben Sie Ihre böse Seite nicht aus, jedoch haben Sie sicherlich schon gemerkt, dass Sie auch negative Seiten haben. In welchen Lebenssituationen schließen Sie das Böse aus? Haben Sie schon einmal den Fernseher oder das Radio ausgemacht, um keine Nachrichten mehr zu schauen oder zu hören? Sie wollen sich nicht mehr mit den schlimmen Nachrichten unserer Welt beschäftigen? Ist das die Lösung? Wem helfen Sie damit? Ist das nicht ein ignorantes Verhalten?

Sie wollen sich selbst schützen, damit Sie selbst nicht leiden müssen. Doch ist es nicht unsere Aufgabe, uns mit dem Bösen dieser Welt zu beschäftigen, damit wir die Situation fair beurteilen können und nach Lösungswegen suchen können? Denn ist es nicht einfach so, dass wir einfach mehr Glück im Leben hatten? Wir sind gesund geboren worden, in einer vermeintlich friedlichen Zeit, auf dem richtigen Kontinent, und müssen beispielsweise keinen Hunger leiden. Nur wenn wir uns mit dem Bösen auseinandersetzen, den Ursprung des Problems erkennen, können wir lösungsorientiert und gesonnen handeln.

Ich möchte Ihnen von einer Situation erzählen, die mir vor Kurzem bei meiner Schattenarbeit klar geworden ist. Eine meiner Arbeitskolleginnen ist vor ca. 8 Jahren Veganerin geworden. Wir waren alle zwar interessiert, fanden jedoch viele Ansichten einfach zu extrem, ohne uns wirklich damit auseinanderzusetzen. Wir haben sie kritisiert und wollten sie vor allem vom Gegenteil überzeugen.

Außerdem haben wir vieles ins Lächerliche gezogen und nicht ernst genommen. Das, was sie über Tiertransporte, über Schlachtungen, über Haltungsformen erzählt hatte, hatte uns nicht sonderlich interessiert. Wir haben nicht verstanden, warum sie auf komplett alle tierischen Produkte verzichten wollte. Ich hatte mich damals schon sehr mit Plastikvermeidung, Umweltschutz und Zero Waste beschäftigt. Wenn wir über Umweltschutz reden, kommen wir aber automatisch früher oder später bei der Ernährung an. Auch ich! Natürlich war mir bewusst, dass Kühe nicht gut fürs Klima sind. Auf mein Steak und meine Wurst auf dem Grill wollte ich nicht verzichten. Ich kann ja wohl nicht auf alles verzichten.

Ich mach ja schon genug. So meine Einstellung. Günstig sollte es natürlich auch sein! Ich hatte aber die Augen davor verschlossen, dass

Kälber von ihrer Mama direkt nach der Geburt getrennt werden, damit diese mehr Milch geben, dass viele Kühe angekettet sind und noch nie Tageslicht gesehen haben. Ich hatte das Bild vor Augen, dass Kühe auf der Wiese stehen. Na? Erkennen Sie schon meinen Abwehrmechanismus? Wie auch immer.

Nach und nach habe ich mich näher mit Tierwohl auseinandergesetzt und bin zu meinem eigenen Entschluss gekommen. Erst, als ich angefangen habe, die Augen nicht mehr zu verschließen, habe ich mich wirklich weiterentwickelt. Natürlich ist es sehr schmerzhaft, festzustellen, dass ich jahrelang mitgeteilt bekommen habe: „Milch ist gut. Hühnersuppe braucht man, damit man wieder gesund wird." Es war auch ein Schock für mich, festzustellen, dass uns jahrelang Delikatessen als etwas Besonderes verkauft wurden. Was denken Sie denn, was eine Stopfleber ist? Wie entsteht denn diese? Stopfen ist sicher nur eine Umschreibung für etwas, das gar nicht stimmt. Wissen Sie, was Kalbsbries ist?

Worauf ich hinaus will: Haben wir damals, als meine Kollegin Veganerin geworden ist, mit unserer Empörung dazu beigetragen, den anderen, ihr und der Welt, zu helfen, um zu einer Lösung zu finden? Oder hat unsere damalige Reaktion uns einfach besser fühlen lassen? Wir haben uns geweigert, wirklich zu verstehen, was in ihr oder in den anderen Veganern vorgegangen ist, weil wir uns mit den Wurzeln nicht beschäftigen wollten. Es ist einfach einfacher, sich über Missstände zu empören, als nach Lösungen zu suchen und uns überhaupt mit diesen Missständen auseinanderzusetzen. Wir lenken uns schlichtweg ab.

Lösungsansätze

Raucht Ihnen schon der Kopf? Sie haben nun viel über die Hintergründe erfahren. Doch wie können Sie jetzt explizite Übungen machen, die Ihnen helfen, Ihre Schattenarbeit auch nach diesem Buch weiter aufzuarbeiten? Ich werde Ihnen ein paar Lösungsansätze von renommierten Psychologen vorstellen, die Ihnen dabei helfen, den Überblick zu behalten, nicht zu verzweifeln, weiterhin mit Freude Ihre Schatten aufzulösen bzw. ins Licht zu bringen.

Beginnen Sie damit, in Ihrem Schattentagebuch mit Ihren persönlichen Worten die folgenden Punkte zu beschreiben. Es geht darum, wie Sie die Schattenarbeit empfinden und wie Sie diese persönlich für sich gestalten wollen. Außerdem können Sie sich, wenn Sie Ihr Schattentagebuch schon länger nicht mehr in die Hand genommen haben, diese Sätze wieder durchlesen und wissen sofort, warum Sie das Tagebuch angelegt haben.

1. Schattenarbeit im Allgemeinen erkläre ich mir folgendermaßen:

Beispiel: Die Grundlagen für die heutige Schattenarbeit rief der schweizerische Psychiater C. G. Jung ins Leben. Für ihn sind unsere Schatten unterbewusste Teile unserer Persönlichkeit, die wir verdrängen, da sie nicht unserer persönlichen Vorstellung entsprechen. Unser Organismus hat dafür Abwehrmechanismen eingerichtet. Diese sind: ...

2. Schatten entstehen durch ...

Beispiel: Schatten entstehen durch ein in der Kindheit kritisiertes Verhalten, das wir damals gezeigt haben. Dies kann jedoch auch im jugendlichen Alter oder Erwachsenenalter geschehen sein. Schatten entstehen durch Charakterzüge, die wir persönlich nicht gut finden. Schatten entstehen, wenn wir unsere Bedürfnisse unterdrücken und diese nicht ausleben. Ungelöste Konflikte sind ebenso eine Ursache für die Schattenentstehung.

3. Schatten zeigen sich folgendermaßen:

Beispiel: Gefühle wie Neid, Gier, Eifersucht, Hass, Wut, Egoismus und Geiz sind Charakterzüge, die durch Schatten getriggert werden. Gegenteilige Charakterzüge, wie Eifer, Neugier und Stärke, stufen wir als positiv ein. Jedoch kann es sein, dass diese übertrieben oder in gewissen Situationen unangemessen sind. Diese Schatten verführen uns zu unbewussten Handlungen, lassen uns Empfindungen spüren. Irgendwann projizieren wir diese Schatten nach außen.

4. Schattentrigger sind für mich ...

Beispiel: Für mich ist mein Schattentrigger mein Chef, meine Schwester etc. In der Situation XY fühle ich mich unwohl. Folgende Sätze triggern mich ... Folgendes Verhalten lehne ich ab ...

5. Warum will ich meine Schattenanteile nicht mehr verdrängen?

Beispiel: Ich möchte meine Schatten nicht mehr verdrängen, da es mit der Zeit immer anstrengender wird. Ich möchte nicht, dass die Schatten mich und meine Gesundheit weiter belasten.

6. Was ist Schattenarbeit und wobei hilft sie?

Beispiel: Die Arbeit mit meinem Schatten unterstützt mich dabei, ein selbstbestimmtes Leben zu führen. Diese Arbeit erleichtert es mir, meine Schattenanteile zu erkennen und diese ans Licht zu bringen. Somit sind meine Schatten nicht mehr im Dunklen verborgen.

7. Wenn ich an meinem Schatten arbeite, dann ...

Beispiel: ... erkenne ich die Gründe, warum ich wütend, traurig, sauer, unausgeglichen, verschlossen oder frustriert bin.

8. Mein Ziel ist, ...

Beispiel: ... die Schatten aus meinem Unterbewusstsein zu holen. Mein Ziel ist es, eine innere Zufriedenheit zu spüren und alle verdrängten Anteile in mir zu erkennen und sie auf positive Weise in mein Leben zu integrieren.

DREI SCHRITTE DER SCHATTEN-AUFARBEITUNG

1. Schattenerkennung
2. Schatten kennenlernen
3. Frieden schließen und Schatten in das Leben integrieren

Schritt 1: Schattenerkennung

Fragen Sie sich, wann das letzte Mal eine Situation war, auf die Sie ungewöhnlich stark reagiert haben. Haben Sie sich geärgert, benachteiligt gefühlt? Haben Sie gemerkt, dass Sie etwas triggert? Mit dem Wissen, was Sie sich bereits jetzt erarbeitet haben, können Sie schon erkennen oder sich vorstellen, welcher Schattenanteil Sie in diesem Moment gesteuert hat.

Fragen für die Schattenerkennung, die Sie sich stellen können und deren Antwort Sie sich aufschreiben sollten, sind folgende. Achten Sie bei der Beantwortung der Fragen darauf, welche Gedanken Sie haben. Bringen Sie diese unbedingt zu Papier. Sie reflektieren sich selbst.

- Wann zeigt sich mein Schatten im Alltag?

• Wie macht sich mein Schatten bemerkbar?

• Was bestaune ich an anderen Personen?

• Was macht mir die größten Schwierigkeiten?

• Wie kann ich vermeiden, dass ich nicht leiden muss?

• Was triggert mich in meinem Leben und in den Beziehungen zu anderen? (Situationen des Alltags, z. B.:

• „Jemand, der sich über Unpünktlichkeit aufregt, ist selbst unpünktlich oder mit sich selbst nicht konsequent genug."

• „Wer schlecht über andere spricht, denkt auch schlecht über sich und trägt Selbstzweifel in sich."

• „Wer andere Menschen kritisiert, kann vielleicht selbst keine Kritik vertragen, weil er selbst unerfüllt ist."

Schritt 2: Schatten kennenlernen

Sie haben nun eine bessere Vorstellung, welche Schatten Sie haben könnten. Jetzt müssen Sie genauer hinschauen und versuchen, Ihren Schatten kennenzulernen. Wann taucht er auf und wie taucht er auf? Treten Sie in Kontakt mit Ihrem

Schatten. Wichtig ist, dass Sie einen ruhigen Ort haben, an dem Sie ungestört sind.

Schritte für Ihr Schattengespräch:

1. Überlegen Sie sich, welche Fragen Sie überhaupt an Ihren Schatten haben.

2. Schließen Sie die Augen.

3. Atmen Sie tief ein und aus, bis Sie genug davon haben, und entspannen Sie sich und Ihren Körper. Kommen Sie erst einmal zur Ruhe und machen Sie erst weiter, wenn Sie sich bereit fühlen.

4. Wenn Sie so weit sind, dann legen Sie los. Sagen Sie „hallo Schatten", er ist ja immerhin Ihr Gesprächspartner. Welche Fragen an Ihren Schatten möchten Sie nun stellen? Z. B.: Wieso bist du entstanden? Was kann ich für dich tun? Was ist denn deine Aufgabe, lieber Schatten? Willst du mich beschützen? Können wir Freunde sein?

5. Und jetzt? Hören Sie zu! Schreiben Sie alles auf, was Ihnen in den Sinn kommt. Natürlich dürfen Sie Ihre Augen wieder öffnen. Kein Problem. Sind Bilder durch Ihre Gedanken gehuscht? Welche Gedanken sind entstanden? Lassen Sie es zu. Wenn Sie ein visueller Mensch sind, können Sie auch ein Moodboard erstellen. Suchen Sie nach

passenden Bildern im Internet und erstellen Sie sich eine Collage. Diese können Sie ausdrucken und sich in Ihr Tagebuch legen.

Natürlich reicht es nicht, wenn Sie das nur einmal machen. Sie müssen es regelmäßig wiederholen. Denn es werden sich erstens nicht alle Schatten zeigen und zweitens: Achten Sie auf sich. Nehmen Sie sich nicht zu viel vor.

Schritt 3: Frieden schließen und Schatten in das Leben integrieren

Alles ist in Ihnen. Alle Anteile, egal, ob gut oder böse, ist bereits in Ihnen tief verankert. Nicht jeder Schatten ist gleich stark oder tief vergraben. Manche Schatten benötigen viel, viel Zeit, bis sie aufgearbeitet werden. Manche Schatten werden nicht verschwinden. Lernen Sie, das zu akzeptieren. Akzeptanz ist ein wichtiger Schritt der Schattenaufarbeitung. Wenn Sie es schaffen, Ihre Schatten zu akzeptieren, fällt Ihnen der Rest so viel einfacher. Sie haben so viel mehr Energie, um sich um andere Dinge zu kümmern. Erinnern Sie sich an die

Prinzipien der Schattenarbeit. Der wichtigste Schritt ist Anerkennung und Selbstannahme.

Übung: Liebevolle Anerkennung Ihres Schattens

• Voraussetzung ist natürlich wieder ein ruhiger Ort, an dem Sie sich es bequem machen können.

• Schließen Sie die Augen.

• Nehmen Sie Atemzüge, um sich zu entspannen.

• Ihr Schatten, den Sie vielleicht schon vorher visualisiert haben, mit der Collage, rufen Sie sich vor Ihr inneres Auge. Wenn Ihnen das zu schwerfällt, dann lassen Sie Ihre Augen offen und schauen Sie die Collage an. Das Prinzip ist das gleiche. Konzentrieren Sie sich darauf.

• Was sehen Sie? Wie sieht Ihr Schatten aus? Welche Eigenschaften hat er oder sie und welche Farben können Sie erkennen? Kennen Sie die Farbbedeutungen?

• Stellen Sie sich jetzt eine Situation vor, in der Sie auf Ihren Schatten mit voller Offenheit und Freude zugehen. Überlegen Sie sich, ob Sie Ihren Schatten umarmen wollen. Wenn nicht, können Sie auch nur die Hände schütteln. Oder wollen Sie nur winken? Alles ist in Ordnung, solange es sich für Sie richtig anfühlt. Hören Sie weiterhin auf Ihr Gefühl. Was sagt Ihnen Ihr Körper?

• Nun können Sie sich bedanken und ihm signalisieren, dass Sie noch mehr erfahren wollen. Sie wollen ihn besser kennenlernen. Spüren Sie in sich hinein, wie sich das anfühlt.

• Ihr Ziel ist es, eine neue Beziehung zu Ihrem Schatten aufzubauen.

Danach können Sie wieder alles in Ihr Schattentagebuch aufschreiben.

Beispiel: Ich habe heute meinen Schatten getroffen. Er stand vor mir und war sehr still. Ich habe meinen Schatten umarmt. Nun fühle ich mich ...

GELASSEN BLEIBEN

Ein sehr wichtiger Schritt in der Schattenarbeit. Wenn Sie an gelassene Menschen denken, würden Sie sich da auch einbeziehen? Entweder Sie sagen jetzt „Ja, auf jeden Fall!", aber das steht dann wiederum im Widerspruch, denn Sie haben ja dieses

Buch gekauft und wünschen sich, Ihre Schatten aufzuarbeiten.

Würden Sie bereits mit Ihren Schatten gelassen umgehen, dann wären Sie eben gelassen. Auch beim Thema Gelassenheit müssen wir die Ursache finden. Stellen Sie sich folgende Fragen und schreiben Sie sich die Antworten in Ihr Schattentagebuch auf:

1. Was bedeutet für mich Gelassenheit? Wie erkenne ich, dass ich gelassen reagiere?
2. Was ist das Gegenteil von Gelassenheit in meinen Augen?
3. Wann bin ich nicht gelassen?

Gelassenheit ergibt sich nicht von selbst. Sie müssen auch hier die bewusste Entscheidung treffen.

Aufgabe: Versetzen Sie sich in eine Situation, wo Sie nicht mit Gelassenheit geglänzt haben? Versuchen Sie, die Ursache zu finden. Welche Absicht, denken Sie, hatten Sie in diesem Moment? Was wollten Sie erreichen? Wollten Sie sich schützen? Wollten Sie sich verteidigen? Haben Sie sich gerechtfertigt? Haben Sie Widerstand geleistet? Nun beschreiben Sie Ihre Gefühle: Fühlten Sie sich klein? Ungerecht behandelt? Nicht

respektiert, nicht ernst genommen, nicht wahrge-
nommen?

Gesetz der Resonanz

„Alles, was in meinem Leben auftaucht, ist ein Spiegel meines Bewusstseins und zeigt mir mein eigenes Inneres." – das hat Pierre Franckh gesagt. Was bedeutet das nun für Sie und Ihre getroffenen Aussagen? Richtig, es bedeutet, nur, weil Sie bei dem Thema in Resonanz gegangen sind, reagieren Sie so und haben evtl. einen Mangel an etwas, das Sie benötigen.

Beispiel: Hat Sie schon mal jemand herablassend behandelt? Ja? Gut. Dann überlegen Sie, ob Sie das getroffen hat. Entweder es hat Sie in Rage gebracht und eine Emotion ausgelöst oder es war Ihnen schlichtweg egal. Außerdem heißt es laut dem Gesetz der Resonanz, dass Sie, wenn Sie sich selbst wertschätzen, gar nicht mehr solche Situationen erleben werden, denn Sie würden es nicht wahrnehmen, Ihre Gedanken ziehen solche negativen Gedanken und Menschen einfach nicht mehr an.

FAZIT

In Momenten der Ungelassenheit ärgern Sie sich nicht über Ihren Gegenüber, sondern in Wahrheit über sich selbst und Ihre eigene Unfähigkeit, gut zu sich zu sein und für sich zu sorgen. Ihr Gegenüber spiegelt Sie nur wider.

LÖSUNG

Seien Sie gut zu sich. Ich kann es nur immer wieder sagen. Schätzen Sie sich selbst. Sprechen Sie zu sich. Loben Sie sich. Wann haben Sie das zuletzt getan? Machen Sie sich Ihre Wünsche bewusst und gönnen Sie sich ein Geschenk. Freuen Sie sich darüber. Sehen und erkennen Sie Ihren Wert. Haben Sie sich schon einmal gesagt, dass Sie das eigentliche Geschenk für die Mitmenschen sind? Beginnen Sie, sich selbst so zu sehen. Das Ganze muss natürlich mit absoluter Aufrichtigkeit passieren. Nur wenn Sie sich selbst auch glauben, was Sie sagen, dann kann die Veränderung einsetzen.

NEIN! – EIN MÄCHTIGES WORT

Und doch so wichtig. Es heißt: „Je schwerer es Ihnen fällt, nein zu sagen, desto wichtiger ist es, dass Sie es sagen." Lassen Sie sich diesen Satz durch den Kopf gehen und halten Sie einen Moment inne. „Je schwerer es Ihnen fällt, nein zu sagen, desto wichtiger ist es, dass Sie es sagen" – wow. Ist es nicht so? Das ist doch glasklar. Das waren zumindest meine Gedanken, als ich diesen Satz zum ersten Mal gehört habe. Was heißt das jetzt? Dürfen Sie nicht mehr Ihre Hilfe anbieten? Müssen Sie jetzt zu allem nein sagen? Nein. Natürlich nicht. Aber Sie achten darauf, ob es auch ein ehrliches Ja von innen heraus ist.

Stellen Sie sich folgende Fragen:

- Sage ich ja, weil ich das wirklich so möchte und wirklich dahinterstehe?
- Wie würde ich mich fühlen, wenn ich ablehnen würde?
- Mache ich mir nun Gedanken über die Reaktion der anderen Person?

Natürlich sollen Sie auch weiterhin hilfsbereit sein und natürlich können Sie andere unterstützen. Achten Sie auf das richtige Ausmaß, sodass es Ihnen vor allem selbst dabei auch gut geht! Hören Sie auf Ihr Gefühl. Immer! Ein schweres Gefühl bedeutet, die eigene Grenze gerade mal wieder zu überschreiten und einmal zu oft JA gesagt zu haben.

Denken Sie an diesen mächtigen Satz.
JE SCHWERER ES MIR FÄLLT, NEIN ZU SAGEN, DESTO WICHTIGER IST ES, DASS ICH JETZT NEIN SAGE.

Auch beim Neinsagen gilt: Machen Sie sich Ihr Handeln bewusst. Führen Sie eine Liste und beantworten Sie sich die Fragen, warum Ihnen das Neinsagen schwerfällt.

Beispiele:

- Es fällt mir schwer, nein zu sagen, weil ich gelobt werden will.

- Es fällt mir schwer, nein zu sagen, weil ich akzeptiert werden will.

- Es fällt mir schwer, nein zu sagen, weil ich mich beweisen möchte.

- Es fällt mir schwer, nein zu sagen, weil ich mich frage, was die anderen denken.

- Es fällt mir schwer, nein zu sagen, weil ich Angst vor Ärger habe.

- Es fällt mir schwer, nein zu sagen, weil ich möchte, dass jeder zufrieden ist.

- Es fällt mir schwer, nein zu sagen, weil ich Streit und Konflikte aus dem Weg gehe.

- Es fällt mir schwer, nein zu sagen, weil ich mich als harmoniebedürftig betiteln würde.

- Es fällt mir schwer, nein zu sagen, weil ich es allen recht mache.

- Es fällt mir schwer, nein zu sagen, weil ich niemanden kritisieren möchte.

- Es fällt mir schwer, nein zu sagen, weil ich mich nicht an erste Stelle setze.
- Es fällt mir schwer, nein zu sagen, weil ich beliebt sein möchte.

The Work: Vier Fragen, die Ihr Leben verändern können

In diesem Kapitel werde ich Ihnen vorstellen, wie die Entwicklung und somit auch der Alterungsprozess in Zehnjahresabständen vonstattengehen. In jedem Jahrzehnt passieren nämlich andere Vorgänge in unserem Körper und unserer Seele.

Byron Katie ist die Begründerin von THE WORK und ist eine sehr bekannte Schattenarbeiterin. Ihr Leben war vor 20 Jahren ein Albtraum und sie lebt nach Ihrer „Erwachung" in der Wirklichkeit. Sie sagt: „Die Wirklichkeit ist anders als unsere Gedanken über die Wirklichkeit. Indem wir unsere Gedanken mit ‚The Work' untersuchen, können wir selbst zur Wirklichkeit finden. Jeder Gedanke, der Schmerz verursacht, der mich von meinem Nächsten trennt, der mich vom Glücklichsein, vom Lieben, vom Eins-Sein abhält, ist es wert, untersucht zu werden."

Der Titel des oben genannten Prinzips hat den Nebensatz „Vier Fragen, die Ihr Leben verändern können, vier Fragen nach der Wahrheit des Herzens". Das Prinzip ist einfach, es besteht eben aus den vier Fragen, die der Wahrheit auf den Grund gehen, und es hilft, von innen heraus glücklich und in der eigenen Harmonie zu sein. Unser Herz zeigt uns die eigene Wahrheit. Der Gedanke, der den Stress verursacht, wird mit nur vier Fragen in die Umkehrung gebracht.

Sie nennt einen Beispielsatz: „Mein XY sollte seine Socken wegräumen."

1. **Ist das wahr?** Es geht um die Wahrheit. Recht-haben schieben wir beiseite. Die Freiheit ruft uns.

2. **Können Sie mit absoluter Sicherheit wissen, dass das wahr ist?** Wir gehen davon aus, dass Sie Frage 1 – „Ist das wahr?" – mit Ja beant-wortet haben. Nun gehen wir in die Tiefe. Ist mein Satz die Wirklichkeit? Stimmt er mit der Realität überein? Ist das nicht nur unser Wunsch, weil wir eben wollen, dass es so ist? Die Wirklichkeit lässt sich nicht unserer Stimme unterordnen.

3. **Wie reagieren Sie, wenn Sie diesen Satz denken?** Spüren Sie in sich hinein. Halten Sie für einen kurzen Moment inne. Spüren Sie an Ihrem Körper etwas? Wenn ja, wo? Wie behandeln Sie sich selbst? Gut? Oder eher schlecht? Machen Sie sich Vorwürfe? Sind Sie gemein zu sich selbst? Sind Sie in der oben beschriebenen Opferhaltung? Denken Sie, das Leben ist ungerecht? Wie behan-deln Sie die anderen?

4. **Wer wären Sie ohne diesen Gedanken?** Wä-ren Sie die gleiche Person, wenn Sie diesen Gedan-ken nicht gehabt hätten oder haben würden? Stel-len Sie sich diese Frage. Diese Frage beantworten viele Personen mit den Worten „frei", „liebend", glücklich", oft folgt die Verwandlung und häufig

auch eine Erkenntnis: „Das ist mein wahres We-
sen. Ich bin glücklich, frei und liebevoll."

DIE UMKEHRUNGEN

Nun kommen wir zu den Umkehrungen. Unseren
ursprünglichen Satz können wir umdrehen. So er-
weitern wir unsere Ansicht über die Dinge. Indes-
sen folgt ein Aha-Erlebnis. Wie könnte inzwi-
schen der Satz „XY sollte die Socken wegräumen"
lauten? Schon eine Idee? Zugegeben, ich musste
lange überlegen.

Hier ein paar Möglichkeiten:
1. Wenn mich die Socken, die XY nicht wegge-
räumt hat, stören, kann ich die Socken auch wegräumen.
2. Er muss die Socken nicht wegräumen, weil er es
ja nicht gemacht hat.
3. „meine Gedanken" ist eine weitere Option: „Ich
kann auch meine Gedanken wegräumen." – was
sind meine Argumente für meine Gedanken? Ich
denke daran, wie viel Zeit kostet mich das, darüber zu grübeln? Wie viel Energie wende ich auf,

wenn ich die Socken wegräumen oder sie einfach ignorieren würde?

Byron Katie sagt, dass etwas Faszinierendes passiert. Wenn wir uns persönlich ändern würden, dann würden sich auch die anderen Personen in unserem Umfeld verändern. Sie sagt, dass die Möglichkeit besteht, dass, wenn wir die Socken von XY selbst aufheben würden, ohne es zu kommentieren oder eine Geschichte daraus zu machen, es sein könnte, dass diese unaufgefordert selbst aufgehoben werden. Sie sagt: „Es braucht nur einen Menschen, einen Krieg zu beenden": „Dich!"

DIE DREI PRINZIPIEN
VON THE WORK

Katie formuliert treffsichere Sätze, die uns schmunzeln lassen. Sie sagt, The Work ist das Ende aller Glaubenssätze. Dennoch verursachen wir die Probleme, da wir gerne eine andere Wirklichkeit hätten. Es entsteht der uns nur zu bekannte Schmerz. Doch warum ist das so? Das Prinzip ist einfach. Wir müssen die Realität akzeptieren, wie sie ist. Wenn wir das begreifen und verinnerlichen, können wir weiter an uns arbeiten. Warum? Wenn das Wetter nicht unseren Wünschen entspricht, können wir die Situation nicht ändern, wenn Krieg ausbricht, können wir die Situation nicht beeinflussen, wenn es einen wirtschaftlichen Einbruch gibt, können wir die Situation ebenfalls nicht ändern. Jetzt fragen Sie mich: „Ja, und? Muss ich das alles einfach hinnehmen?" Im Grunde genommen ja. Der Frieden beginnt bei Ihnen selbst. Erst wenn Sie innere Zufriedenheit fühlen, ändern sich die persönlichen Ansichten. Sie können sich also über Situationen, die eintreffen, ärgern, aufregen und wütend sein. Natürlich ist das Ihr gutes Recht.

Doch was bringt es Ihnen? Was denken Sie, wie viel Kraft Sie das kostet? Sie können einer Situation nachtrauern und diese bedauern, doch das ändert die Situation nicht. Sie können nur Ihr persönliches Verhalten, Ihre Einstellung zur Situation ändern. Ein Beispiel: Ihnen wurde die Wohnung auf Eigenbedarf gekündigt. In dieser wohnen Sie schon sehr lange. Und außerdem ist der Wohnungsmarkt eine Katastrophe. Wie viel Kraft kostet es Sie, sich über Ihren Vermieter aufzuregen, sich selbst zu bedauern und zu ärgern? Denken Sie nicht auch, es ist leichter, die Situation zu akzeptieren und sich zu fragen: „Ok, wie kann ich eine neue Wohnung finden? Wo möchte ich wohnen und welche neuen Möglichkeiten hält eine neue Wohnung für mich bereit?" Katie sagt, wenn wir andere Menschen verbessern wollen, verursachen wir uns den meisten Kummer. Denn dann sind wir mit unseren Gedanken nicht bei uns selbst, sondern bei den Angelegenheiten von anderen Personen. Ein Spruch von ihr lautet: „Es gibt drei Arten von Angelegenheiten: meine, deine und Gottes." Ich erkläre das gerne noch einmal an konkreten Beispielen:

„Ich möchte nicht, dass das Wetter schlecht ist" – hier befinde ich mich in Gottes Angelegenheiten.

„Ich finde nicht gut, wenn du rauchst oder Alkohol trinkst, außerdem solltest du mehr Sport machen" – ich bin in den Angelegenheiten der anderen Person.

SIND GEDANKEN PERSÖNLICH?

Wissen Sie, wie viele Gedanken wir pro Tag haben? Raten Sie gerne mal. Quantenphysiker haben bewiesen, dass wir am Tag 60.000 Gedanken haben, also mehr als einen Gedanken pro Sekunde. Warum habe ich das gefragt? Das ist das nächste Prinzip von The Work. Wir haben nicht täglich 60.000 unterschiedliche Gedanken, manche wiederholen wir, wieder und wieder. Wir definieren uns über unsere Gedanken.

Gewohnheitsmäßig wählen wir unbewusst immer wieder die gleichen Gedanken aus. Sind das unsere Glaubenssätze? Katie verspricht, dass wir uns diese mit der Fragetechnik bewusst machen können. Können wir unsere Gedanken umprogrammieren? Nicht ganz. Erscheint ein Gedanke, bei dem wir wissen, er ist schlecht oder er tut uns nicht gut, dann sollten wir diesen willkommen heißen und ihn genauer unter die Lupe nehmen.

Danach können wir den Gedanken loslassen und uns dem nächsten widmen. Ein Beispiel: Taucht der Gedanke „Ich bin zu dick" auf, dann sollten wir diesen nicht als die Wirklichkeit erkennen, damit dieser nicht mehr die Macht hat, uns stundenlang und wiederkehrend zu frustrieren. Wenn ein schlechter Gedanke das nächste Mal auftaucht, könnte uns dieser zum Lächeln bringen. Antworten Sie sich selbst: „Tja, das habe ich doch wirklich einmal geglaubt, doch jetzt nicht mehr." – bald taucht er überhaupt nicht mehr auf. Testen Sie es aus.

Und nun?

Vergebung

Vergebung ist eine der mächtigsten Waffen, die wir selbst in uns tragen, um danach absoluten Frieden zu empfinden. Vergebung ist aber auch ein nicht zu oft diskutiertes Thema. Wir müssen akzeptieren, dass nicht alles auf der Welt Friede, Freude, Eierkuchen ist. Ernsthaft! Annehmen und akzeptieren! Manche Geschehnisse, die wir erleben, hinterlassen ganz tiefe Wunden. Manche werden in unser Unterbewusstsein verbannt und warten als Schatten auf uns, manche beeinflussen uns unser ganzes Leben.

Ja, das ist doch schrecklich, denken Sie jetzt. Ja, das ist es. Es ist ungerecht, unfair und absolut unnötig. Fakt ist, das, was passiert ist, wollten Sie nicht und Sie müssen damit jetzt klarkommen. Sie müssen es jetzt einfach so hinnehmen, oder was? Wir wollten Gerechtigkeit! Für uns und unsere Seele. Für die Welt. Dann heißt es plötzlich Zahn um Zahn, Auge um Auge. Wir projizieren die Wut auf den Gegenüber und wollen unseren Schmerz übertragen.

Diese Person muss nun auch leiden! Wir wollen der anderen Person auch Schmerz hinzufügen oder sie zumindest für das restliche Leben hassen. Glauben Sie mir. Ich verstehe das. Nur leider sind dann Schmerz und Wut ständige Begleiter unseres Lebens. Was resultiert daraus? Wir werden verbittert! Wollen wir das? Nein, ich denke nicht. Sind Sie schon verbittert? Gibt es Dinge, die Sie einfach aus Prinzip nicht verzeihen können, weil sie so sehr wehtun? Es kann sich alles noch zum Guten wenden, wenn Sie loslassen.

Den nächsten Satz kennen Sie bereits: „Alles ist in Ihnen." Es ist in Ihnen vorhanden, dass Sie vergeben können. Das sind doch gute Nachrichten, oder? Bei Vergebung geht es um Sie persönlich. Vergebung hat niemals etwas mit der anderen Person zu tun. Wenn Sie nicht vergeben, wird diese Wut immer in Ihnen bleiben. Eine Verletzung, die wir erfahren haben, egal, in welcher Form, die über eine längere Zeit nicht vergeben wird, verwandelt sich in Bitterkeit. Daraus entstehen vermeintlich auch körperliche Folgen, Schlafstörungen, Magenprobleme, Essstörungen etc.

„Das werde ich dir nie verzeihen" – diesen Satz haben Sie entweder schon einmal gesagt oder schon einmal gehört, oder? Er klingt so mächtig. Das ist er aber nicht. Wer diesen Satz gesagt hat, kommt sich total überlegen vor und mächtig. Doch ist das so? Nein! Wenn wir verzeihen, dann sind wir viel mächtiger! Wir verzichten auf unser Recht der Vergeltung. Warum sollten Sie das tun? Um des Glückes willen. Wegen Ihres persönlichen Glückes. Wenn Sie Dinge, die passiert sind und die Sie nicht rückgängig machen können, vergeben, dann werden sich Ihre Gedanken verändern. Sie werden nicht mehr von Negativität überflutet.

Wenn Sie vergeben, nehmen Sie dem Gegenüber den Wind aus den Segeln. Wenn Sie vergeben, dann wird die Situation automatisch leichter zu tragen sein. Sie ist nicht mehr mächtig, denn Sie haben keine negativen Gefühle mehr, die Sie mit dieser Situation verbinden. Es ist ein bisschen wie Gleichgültigkeit.

Warum ist das so wichtig?

Weil wir die andere Person nicht verändern können. Wir können die andere Person nicht dazu zwingen, den vermeintlichen Fehler einzusehen oder sich zu entschuldigen. Außerdem ist es vielen Personen nicht bewusst, dass Sie mit ihrem Verhalten andere verletzen. Nur Sie können verzeihen. Für sich. Das ist keine Schwäche.

Wie vergebe ich?

„Ich will ja, aber es ist zu schmerzhaft" – das ist ok. Sie sind ok. Sie dürfen den Schmerz weiterhin fühlen. Die Verletzungen werden mit der Zeit leichter. Denken Sie daran: Vergebung ist nur Ihre Entscheidung. Entweder Sie wollen vergeben oder eben nicht. Sie ist freiwillig und passiert ohne Zwang. Das wird Sie Überwindung kosten. Aber denken Sie daran, was passiert, wenn Sie diesen Schritt nicht gehen werden. Sie müssen sich eine Ansage machen.

Wenn Sie verzeihen, ist das eine der wichtigsten Lebensentscheidungen, die Sie treffen können.

Nehmen Sie sich Ihr Tagebuch zur Hand und sagen Sie sich selbst, was nun Sache ist. Beispiel: Es ist schlimm, dass die Situation XY so passiert ist und ich diese Verletzung erfahren habe, aber ab jetzt werde ich die Zerstörung meiner Seele nicht mehr zulassen. Vielleicht kommen Ihnen bereits die Tränen, Sie haben eines Klos im Hals oder Ihr Herz wird schwer. Denken Sie wieder an sich und daran, dass Sie gut zu sich sein sollen. Ganz wichtig. Liebe Person XY, ich vergebe dir, ich kann dich jetzt loslassen und ich hasse dich nicht mehr. Ich werde dir verzeihen.

Ich mache dir keinen Vorwurf mehr. Weinen Sie, schreien Sie. Nehmen Sie sich Zeit. Bis die Welle vorbeizieht. Danach lesen Sie sich noch einmal Ihr Geschriebenes durch. Nicken Sie für sich selbst und schließen Sie dann Ihr Tagebuch. Immer, wenn Sie merken, Sie können eine Situation nicht loslassen – ein Schatten hat sich gezeigt –, dann führen Sie das Ritual des Verzeihens durch. Ich verspreche Ihnen, wenn Sie sagen können, „Ja, das war wirklich schlimm, aber ich habe meinen Frieden geschlossen", wird es Ihnen so viel besser gehen, wenn Sie auf die Situation angesprochen werden. Außerdem werden die Personen in Ihrem

Leben große Augen machen und Sie fragen. Wie – Frieden geschlossen? Was würden Sie darauf sagen? Ich habe vergeben. Wer hat jetzt die Macht? Ich würde sagen, das ist mal eine Machtverschiebung!

Stehen Sie zu sich

Sie sind großartig und wundervoll, wie Sie sind. Zeigen Sie Ihre Persönlichkeit! So, wie Sie sind. Sie haben nur ein wunderbares Leben. Leben Sie es. Es ist Ihre Wahl. Sie sind nun am Ende dieses Buches. Ich möchte zunächst meinen vollen Respekt aussprechen. Das ist harte Arbeit, sich mit den eigenen Schatten auseinanderzusetzen. Sie können sehr stolz auf sich sein. Sie heißen die Veränderung willkommen. Sie wissen ja, dass die meisten Menschen im Leben diese vermeiden.

Sie können nur das sehen, weil diese Dinge in Ihnen sind. Sie sehen das Schöne in der Welt, weil es in Ihnen ist. Sie sehen das Böse, weil es in Ihnen ist. Sie wissen nun, dass Sie dieses Böse nicht mehr bekämpfen müssen. Sie können sich vor den Spiegel stellen und wissen jetzt, wie die Schatten entstanden sind und wie sie keine Macht ausüben können. Sie können sich von diesen lösen. Je mehr Sie im Einklang sind, desto mehr werden Sie entspannt durch Ihr Leben gehen. Schattenarbeit macht Menschen glücklich und bringt Frieden. Uns allen.

Danke fürs Lesen.
Isabel

Herstellung und Verlag:

BoD – Books on Demand, Norderstedt

ISBN: 9783756809523

1. Auflage

Kontakt: Psiana eCom UG/ Berumer Str. 44/ 26844 Jemgum

Covergestaltung: Fenna Larsson

Coverfoto: depositphotos.com